Stephanie Günther

Die Berliner Olympiade von 1936 und ihre Außenwirkung: Weltereignis oder Propagandaveranstaltung ?

GRIN - Verlag für akademische Texte

Der GRIN Verlag mit Sitz in München und Ravensburg hat sich seit der Gründung im Jahr 1998 auf die Veröffentlichung akademischer Texte spezialisiert.

Die Verlagswebseite http://www.grin.com/ ist für Studenten, Hochschullehrer und andere Akademiker die ideale Plattform, ihre Fachaufsätze und Studien-, Seminar-, Diplom- oder Doktorarbeiten einem breiten Publikum zu präsentieren.

Dokument Nr. V69946 aus dem GRIN Verlagsprogramm

Stephanie Günther

Die Berliner Olympiade von 1936 und ihre Außenwirkung: Weltereignis oder Propagandaveranstaltung ?

GRIN Verlag

Bibliografische Information Der Deutschen Bibliothek: Die Deutsche Bibliothek verzeichnet diese Publikation in der Deutschen Nationalbibliografie; detaillierte bibliografische Daten sind im Internet über http://dnb.ddb.de/ abrufbar.

1. Auflage 2005

http://www.grin.com/
Druck und Bindung: Books on Demand GmbH, Norderstedt Germany
ISBN 978-3-638-67387-7

Otto-Friedrich-Universität Bamberg
Lehrstuhl für Neuere und Neueste Geschichte
Hauptseminar: Das nationalsozialistische Herrschaftssystem
Wintersemester 2004/5

Die Berliner Olympiade von 1936 und ihre Außenwirkung: Weltereignis oder Propagandaveranstaltung ?

Stephanie Günther
7. Semester MA Neuere und Neueste Geschichte,
Anglistik, Kommunikationswissenschaft

Inhaltsverzeichnis

Einleitung

„Die Olympischen Spiele 1936 werden für das nationalsozialistische Deutschland von geradezu ungeheurer Bedeutung sein! Diese Behauptung wird jedem sofort einleuchten,der nur einen Augenblick darüber nachdenkt, daß durch die Olympiade 1936 unserVaterland wochenlang in den Mittelpunkt des Weltgeschehens gerückt wird. Mit diesen Spielen ist uns ein unschätzbares Propagandamittel in die Hand gegeben worden."[1]

Mit den XI. Olympischen Spielen 1936 fand zum ersten Mal eine Olympiade in einem diktatorisch regierten Land statt. Berlin hatte den Zuschlag für die Ausrichtung der Spiele noch zur Zeit der Weimarer Republik erhalten, durch die Machtergreifung der Nationalsozialisten änderten sich die politischen Verhältnisse in Deutschland im Januar 1933 allerdings grundlegend. Den Nationalsozialisten war mit den Olympischen Spielen ein Weltereignis in die Hände gelegt worden, das bald als einmalige Gelegenheit zur Selbstdarstellung des Regimes erkannt wurde.

Ziel war es, eine Olympiade zu organisieren, an die sich die Welt noch lange erinnern und deren Organisation sich positiv auf das Ansehen Deutschlands und des nationalsozialistischen Regimes auswirken sollte. Dieses Ziel wurde erreicht; die beeindruckende Show, die Atmosphäre im Stadion, die sportlichen Höchstleistungen blieben vielen der Zuschauer, Teilnehmer und Journalisten in Erinnerung. Nicht zuletzt durch den Olympiafilm von Leni Riefenstahl wurden die Berliner Spiele als *Spiele der Rekorde* zu einem Mythos. Die nationalsozialistische Propaganda im Umfeld der Olympischen Spiele schaffte es, die Weltöffentlichkeit über die wahre Natur des NS-Regimes zu täuschen bzw. dazu zu bewegen, über die tatsächlichen Verhältnisse in Deutschland hinwegzusehen, zumindest solange bis die Spielen vorüber waren. Um zu zeigen, wie das Weltereignis der Olympischen Spiele 1936 als Propagandaveranstaltung genutzt wurde, beschäftigt sich diese Arbeit damit, welche Ziele die nationalsozialistische Propaganda in der Vorbereitungsphase und bei den Olympischen Sommerspielen an sich verfolgte, welche Mittel sie dazu einsetzte und wie erfolgreich sie damit war.

Das Interesse deutscher Historiker an den Spielen von 1936 entwickelte sich vor allem im Zusammenhang mit der 1972 in München stattfindenden Olympiade und der gescheiterten Olympiabewerbung Berlins für das Jahr 2000. In zeitlicher Nähe zu Ersterem entstanden die Werke von Hajo Bernett und Arnd Krüger, die sich vor allem durch ihre quellengestützte Arbeit auszeichnen. Zu erwähnen sind außerdem die Arbeiten von Hans Joachim Teichler zur Sportpolitik des Dritten Reiches. Den derzeit aktuellsten Forschungsstand und eine Fülle von

[1] F. Angermeyer: Hymne an Berlin. In: „Reichssportblatt" 2 (1935) 21, 583, zitiert nach Hans Joachim Teichler: Internationale Sportpolitik im Dritten Reich, Schorndorf 1991, S. 64.

Bild- und Dokumentenmaterial bietet die von Reinhard Rürup 1996 herausgegebene Dokumentation *1936. Die Olympischen Spiele und der Nationalsozialismus.* Sie entstand in Anlehnung an eine Ausstellung, die in der ehemaligen Staatlichen Kunsthalle in Berlin (Mai – August 1996) und im Haus der Geschichte der Bundesrepublik Deutschland in Bonn (November 1996 – Januar 1997) gezeigt wurde.

Aus dem angelsächsischen Bereich sind vor allem die chronistischen Darstellungen von Richard D. Mandell und Duff Hart-Davis *The Nazi Olympics* und *Hitler's Games*, beide Mitte der 1980er erschienen, bekannt.

Als Quellen dienten dieser Arbeit vor allem der Amtliche Bericht des Organisationskomitees für die Olympischen Spiele, die Berichte Otto Mayers über die Sitzungen des Internationalen Olympischen Komitees und Reden und Aufsätze Carl Diems. Die archivalischen Quellen wie die Akten der Reichskanzlei, Berichte im *Völkischen Beobachter* oder im *Reichssportblatt* und Äußerungen Hitlers werden aus zweiter Hand zitiert, da der Aufwand für den Zugang zu den Originalen im Rahmen dieser Arbeit nicht gerechtfertigt gewesen wäre.

I.) Von der Ablehnung der olympischen Idee bis zur Erklärung zur Reichsangelegenheit durch das NS-Regime

Als das Internationale Olympische Komitee (IOC) am 13. Mai 1931 die XI. Olympischen Sommerspiele an Berlin vergab, bedeutete dies einen besonderen Vertrauensbeweis für Deutschland, das noch 1920 und 1924 wegen seiner Rolle im 1. Weltkrieg von der Teilnahme ausgeschlossen gewesen war. Die Zusage Ausrichter und Gastgeber der Spiele sein zu dürfen, weckte vor allem bei Carl Diem und Theodor Lewald, die sich als Mitglieder des Deutschen Olympischen Komitees für die Bewerbung Berlins intensiv eingesetzt hatten, den Ehrgeiz diese Olympiade zu ganz besonderen Spielen zu machen, an die man sich noch lange erinnern sollte; sie begannen bereits 1932 bei den Olympischen Spielen in Los Angeles mit den Vorbereitungen[2]. Carl Diem war überzeugt, „daß die Spiele 1936 an internationalen Zuspruch alle Vorgänge weit in den Schatten stellen" würden und dass es Aufgabe wäre „mit ihrer Durchführung das deutsche Ansehen zu mehren und mittles ihrer Durchführung den Ausländern Deutschland zu zeigen".[3]

In dem besonderen Engagement Carl Diems und Theodor Lewalds liegt auch der Grund dafür, dass die Olympischen Spiele letztendlich überhaupt stattfanden. Nach der Machtergreifung der Nationalsozialisten am 30. Januar 1933 war die Abhaltung der Spiele zunächst überaus fraglich, da die olympische Idee der Völkerverständigung und des Weltfriedens sich nicht mit der NS-Ideologie vereinbaren lässt. Die nationalsozialistische Propaganda tat die olympische Idee kategorisch als „geistige Verirrung" ab, die ein Ende haben müsse.[4] Hitler selber bezeichnete die Olympischen Spiele 1932 als „Erfindung von Juden und Freimaurern", wobei sich eine Teilnahme und erst recht die Ausrichtung der Spiele selbstredend verbot.[5] Theodor Lewald war es, der die Zustimmung Hitlers zur Abhaltung der Olympiade in Berlin in einer persönlichen Audienz beim Reichskanzler am 16. März 1933 sicherte. Im Anschluss an diese mündliche Zusage versuchte Lewald, in seiner Funktion als Präsident des Organisationskomitees, die Ausrichtung der Olympischen Spiele weiter abzusichern. „In seinem Schreiben an den Chef der Reichskanzlei Hans Heinrich Lammers biederte sich Lewald regelrecht an: ‚Was ich heute nicht mehr erwähnen konnte, ist die ungeheure Propagandawirkung für Deutschland [...] Damit komme ich zu der Bitte, daß das

---

[2] Carl Diem: Der Olympische Gedanke. Reden und Aufsätze, hrsg. vom Carl-Diem-Institut an der Deutschen Sporthochschule Köln, Schorndorf 1967, S.74f.
[3] Diem, S. 68; 69.
[4] Andrea von Hegel: Die Stunde der Propagandisten. Propaganda zu den Olympischen Spielen 1936, In: http://www.dhm.de/~jarmer/olympiaheft/olympia4.htm »01/11/2004«.
[5] Hitler zitiert bei Duff Hart-Davis: Hitler's Games. The 1936 Olympics, New York 1986, S. 45.

Propagandaministerium das Organisationskomitee für die XI. Olympiade Berlin 1936 bei der Propaganda im In- und Ausland nach jeder Richtung hin unterstützt'."[6]

Mit solchen gezielten Hinweisen auf das propagandistische Potenzial der Olympischen Spiele, bewirkte Lewald einen Wandel in der Einstellung des nationalsozialistischen Regimes gegenüber dem Projekt der Berliner Olympiade.[7] Die Spiele wurden nun als außergewöhnliche Chance für außen- und innenpolitischen Prestigegewinn des Regimes erkannt. Hitler selber begeisterte sich erst nach Überzeugungsarbeit durch den Reichssportkommissar Hans von Tschammer und Osten und Dr. Joseph Goebbels für die Ausrichtung der Spiele in Berlin. Deutlich wird dieses neue besondere Interesse Adolf Hitlers an den Spielen bei einer Besichtigung des geplanten Olympiageländes am 5. Oktober 1933. Ihm erschienen die bisherigen Pläne als unzulänglich und er forderte statt des geplanten Umbaus des Grunewald-Stadions einen kompletten Neubau. „Mit dem heutigen Tage habe ich meine endgültige Genehmigung zum Beginn und zur Durchführung der Bauten auf dem Stadiongelände gegeben. Deutschland erhält damit eine Sportstätte, die ihresgleichen in der Welt sucht."[8]

Mit Entwürfen des Architekten Werner March sollte das *Reichssportfeld* entstehen, bestehend aus Olympischem Platz, Olympia-Stadion mit einem Fassungsvermögen von 100 000 Zuschauern und einem Aufmarschgelände, dem Maifeld.[9] Das olympische Bauvorhaben war damit das erste von Hitlers architektonischen Großprojekten. Durch die Verwirklichung der neuen Pläne stiegen die Ausgaben von den ursprünglich kalkulierten 5,5 Millionen Reichsmark auf 42 Millionen Reichsmark.[10] Begründet wurden diese Ausgaben und das Bauprojekt mit der benötigten Arbeiterzahl, die sich positiv auf die Arbeitslosenzahlen auswirken sollte; Hitler sagte: „Wenn man vier Millionen Arbeitslose hat, muss man für Arbeit sorgen".[11] Die Ausrichtung der XI. Olympischen Sommerspiele in Berlin wurde nun als Reichsangelegenheit aufgefasst.[12]

---

[6] Hilmar Hoffmann: Mythos Olympia. Autonomie und Unterwerfung von Sport und Kultur. Weimar 1993, S. 12.
[7] Hajo Bernett: Sportpolitik im Dritten Reich. Aus den Akten der Reichskanzlei, Schorndorf 1971, S. 41.
[8] Adolf Hitler, zitiert nach: Völkischer Beobachter, 15.12.1933; übernommen aus: Hoffmann, S. 17.
[9] Detaillierte Darstellung der Pläne für die Bauten in: XI. Olympische Spiele Berlin 1936. Amtlicher Bericht, hrsg. vom Organisationskomitee der XI. Olympiade Berlin 1936 e.V., unter Leitung von Carl Diem, Bd. 1, Berlin 1937, S. 129- 165.
[10] Hoffmann, S. 17.
[11] Zitat Hitlers nach Aufzeichnungen Lewalds, übernommen aus: Arnd Krüger: Die Olympischen Spiele 1936 und die Weltmeinung. Ihre außenpolitische Bedeutung unter besonderer Berücksichtigung der USA. Berlin u.a. 1972, S. 63.
[12] Amtlicher Bericht, Bd. 1, S. 135.

Am 13. November 1934 wurde Hitler nach dem Tod des Reichspräsidenten von Hindenburg offizieller Schirmherr der Spiele[13] und das Propagandaministerium bildete am 16. Januar 1934 einen Olympia-Propagandaausschuss, der für die Öffentlichkeitsarbeit der Spiele zuständig war.[14] Im Organisationskomitee saßen nun neben den drei deutschen IOC-Mitgliedern, Theodor Lewald, Herzog Adolf Friedrich zu Mecklenburg und Karl Ritter von Halt, und den Fachamtsleitern der olympischen Sportarten auch 20 Vertreter der Reichsbehörden, davon allein 8 aus dem Propagandaminsterium, 11 Militärs, 3 Angehörige der Polizei, 5 höhere Kommunalbeamte, 6 Vertreter der verschiedenen Parteigliederungen, 4 Funktionäre der Reichssportführung und Reichssportkommissar von Tschammer und Osten.[15] An dieser Besetzung des Komitees wird die Einflussnahme des NS-Regimes, bzw. seiner Ministerien und Behörden offensichtlich. Das Organisationskomitee war damit sowohl dem Propaganda- als auch dem Innenministerium unterstellt, dem Ersteren durch die Zuständigkeit für die Öffentlichkeitsarbeit und dem Letzteren durch das Ressort des Sports. Diese faktische Abhängigkeit des Komitees stellte einen Verstoß gegen IOC-Statute dar, in denen dessen Unabhängigkeit gefordert wird; dieser Verstoß wurde aber nach außen hin verschleiert.[16]

Von 1934 – 1936 folgte nun eine „ganz bewusste und organisierte propagandistische Massendemonstration des NS-Staates"; das Weltereignis der Olympischen Spiele wurde zu Werbezwecken genutzt.[17]

---

[13] Akzeptanzschreiben Hitlers an Lewald in: Amtlicher Bericht, Bd. 1, S. 49; Reinhard Rürup: 1936. Die Olympischen Spiele und der Nationalsozialismus. Eine Dokumentation, Berlin 1996, S. 44.
[14] Ders., S. 79.
[15] Hans Joachim Teichler: 1936 – ein olympisches Trauma. Als die Spiele ihre Unschuld verloren, In: Manfred Blödorn (Hg.): Sport und Olympische Spiele, Reinbek bei Hamburg 1984, S. 47 – 76, hier S. 54.
[16] Ders., S. 55; Krüger, S. 76.
[17] Jean-Marie Brohm: Zum Verhältnis von Olympismus und Nationalismus. In: Alkemeyer/ Gebauer u.a. (Hg.): Olympia – Berlin. Gewalt und Mythos in den Olympischen Spielen von Berlin 1936, S. 190 – 198, hier S. 190.

II.) Bewusste und organisierte propagandistische Massendemonstration des NS-Regimes

a) Ziele der Propaganda

Mit der Ausrichtung der Spiele, der Gestaltung des Rahmenprogramms und den dazu nötigen Vorbereitungen beabsichtigte das NS-Regime sowohl im Ausland als auch im Inland um Akzeptanz zu werben und Befürchtungen zukünftige Ambitionen des Regimes betreffend zu zerstreuen. Die Propaganda im Vorfeld der Olympischen Spiele, die für die ersten Wochen im August 1936 angesetzt waren, konzentrierte sich in erster Linie darauf, eine Erwartungshaltung auf herausragende, perfekt durchorganisierte Spiele zu erzeugen und Boykottbewegungen zu entkräften und zu stoppen. Denn den eigentlichen Höhepunkt der Propaganda sollten die Olympischen Spiele an sich darstellen. Durch sie sollte im Ausland der Eindruck absoluter Friedensliebe des NS-Regimes erzeugt werden, um so einen Weg aus der außenpolitischen Isolation zu schaffen. Man war davon überzeugt, dass Deutschland durch große kulturelle Leistungen versuchen müsse, die Weltmeinung für sich zu gewinnen.[18] Damit diese kulturellen Leistungen überhaupt auf das Ausland wirken konnten, musste im Vorfeld der Olympiade die Teilnahme der ausländischen Mannschaften an den Spielen gesichert werden, d.h. Boykottbewegungen gestoppt und besondere Spiele in Aussicht gestellt werden.

Im Inland zielte die Propaganda im Vorfeld der Spiele auf die Erzeugung einer Erwartungshaltung, die die deutsche Bevölkerung zum Besuch der Wettkämpfe und des Rahmenprogramms anregen und zur Identifikation mit den Spielen als nationale Aufgabe führen sollte.[19] Massenloyalität und ein nationales Zusammengehörigkeitsgefühl sollten dadurch erzeugt und gefördert werden. Außerdem hoffte man die Popularität des Regimes zu steigern durch die Verringerung der Zahl der Arbeitslosen und durch wirtschaftlichen Aufschwung mit Hilfe des erwarteten Profits durch Bauaufträge und zunehmenden Fremdenverkehr im Zusammenhang mit der Olympiade.[20]

---

[18] Krüger, S. 63; Friedrich Bohlen: Die XI. Olympischen Spiele Berlin 1936. Instrument der innen- und außenpolitischen Propaganda und Systemsicherung des faschistischen Regimes, Köln 1979, S. 70.
[19] Amtlicher Bericht, Bd. 1, S. 365ff.
[20] von Hegel, S. 1.

Durch die Anregung des Volkes zu sportlicher Betätigung sollte der Wehrwillen der Bevölkerung geweckt und gesteigert und damit der Kriegseinsatz vorbereitet werden. Die eingesetzten Mittel zur Erreichung dieser propagandistischen Ziele waren vielfältig und es dabei wurden keine Kosten und Mühen gescheut.

b) Propaganda im Vorfeld der Olympischen Sommerspiele

Unter Führung des Propagandaminsteriums wurde 1934 eine groß angelegte Werbeaktion gestartet. Es wurden Plakate und Briefmarken entworfen, Broschüren gedruckt, Vorträge und Empfänge organisiert;[21] so reisten zum Beispiel der Reichssportführer von Tschammer und Osten und der Vorsitzende des Organisationskomitees Diem nach Stockholm, Oslo, Kopenhagen, Athen, Belgrad, Paris und London und warben dort für die Berliner Olympiade.[22] Auch prominente Sportler wie der Boxer Max Schmeling traten zu solchen Werbereisen unter anderem in die USA an.

Zur Verbreitung von unpolitischen Nachrichten über Deutschland, als Gegenpol zur sonstigen Berichterstattung in der ausländischen Presse, wurde der Olympia-Pressedienst ins Leben gerufen, der zunächst in 5, ab April 1935 sogar in 14 Sprachen publizierte.[23] Ebenfalls in 14 Sprachen wurde die Monatszeitschrift *Olympische Spiele 1936* aufgelegt und verbreitet. Des Weiteren gab es Rundfunk- und Filmveranstaltungen, die über die Geschichte der Olympischen Spiele und die Vorbereitungen in Berlin informierten.[24] Ab August 1935 wurde die Weltrundfunksendung *Pax Olympica* in französischer, englischer und deutscher Sprache ausgestrahlt.[25]

Die deutsche Bevölkerung sollte über den *Olympia-Zug*, einer auf Lkw durch das Land tourende Ausstellung, über die Olympischen Spiele, insbesondere die von 1936, aufgeklärt werden. Der *Olympia-Zug* zählte in fast 100 deutschen Städten über 600.000 Besucher.[26] Zur speziellen Vorbereitung auf die sportlichen Wettkämpfe erschien die 26 Hefte umfassende Reihe der *Olympia-Hefte*, die durch Vorstellung der einzelnen olympischen Disziplinen und ihrer Regeln, angefangen mit dem Heft *Was ein Deutscher von Olympia*

[21] Umfang und Vorbereitungen der Maßnahmen, siehe Amtlicher Bericht, Bd. 2, S. 71 - 73.
[22] Thomas Alkemeyer: Körper, Kult und Politik. Von der „Muskelreligion“ Pierre de Coubertins zur Inszenierung von Macht in den Olympischen Spielen von 1936, Frankfurt/Main, New York 1996, S.274.
[23] Krüger, S. 71.
[24] Ders., S. 93.
[25] Ders., S. 107.
[26] Rürup, S. 80.

wissen muß, die Deutschen zu fachkundigen Zuschauern machen sollte.[27] Außerdem wurden im Inland etliche Ausstellungen mit und über antike Kunst organisiert, die eine Verbundenheit des NS-Regimes mit dieser Epoche und deren Hochkultur darstellen sollte. Die best besuchteste Ausstellung dieser Zeit war *Sport der Hellenen.*[28]

Um einzelne Nationen, die noch zweifelten, ob sie an den Spielen in Berlin teilnehmen sollten, von der Friedfertigkeit des deutschen Volkes zu überzeugen, gab es unter anderem im Dezember 1935 ein Fußball-Länderspiel England – Deutschland. Zu diesem Spiel in London schickte das NS-Regime ausgewählte Zuschauer, unter ihnen eine große Zahl Frauen, die dort durch ihr diszipliniertes Auftreten die Engländer von der gefahrlosen Teilnahme an den Berliner Spielen überzeugten – die Niederlage der deutschen Mannschaft tat ihr Übriges dazu.[29] Die Überzeugung der USA mit dem mächtigsten Athletikverband, der Vorbildfunktion für viele andere nationale Verbände hatte, soll in Verbindung mit der Boykottbewegung behandelt werden.

Als Probelauf für die Sommerspiele galten die Olympischen Winterspiele, die vom 6. bis 16. Februar 1936 in Garmisch-Partenkirchen stattfanden.[30] Der reibungslose Verlauf und die gute Organisation überzeugte viele Nationen von der Richtigkeit ihrer Zusage der Teilnahme an den Olympischen Sommerspielen im August 1936.[31]

---

[27] Rürup, S. 81.
[28] Krüger, S. 205.
[29] Teichler (1991), S. 156.
[30] Amtlicher Bericht, Bd. 1, S. 79.
[31] Krüger, S. 89ff; speziell für die USA, siehe Krüger, S. 181.

III. Das Scheitern der Boykottbewegung und die Rolle des IOC

Die massivsten Boykottbestrebungen hatten sich im Vorfeld der Olympischen Spiele von 1936 in den USA formiert. Die dortige Amateur Athletic Union (AAU) war einer der einflussreichsten nationalen Sportverbände, nach deren Entscheidung bezüglich eines Boykotts sich viele nationale Verbände richteten. Die Boykottbestrebungen gründeten sich auf der Verbindung von Sport und Politik im deutschen Reich. Die Gleichschaltung der deutschen Sportverbände und Vereine im nationalsozialistischen Sinne war dem Ausland nicht verborgen geblieben. Anstelle des Deutschen Reichsausschusses für Leibesübungen (DRA), der sich am 10. Mai 1933 unter seinem Präsidenten Lewald und dem Generalsekretär Diem selbst auflöste, trat der Deutsche Reichsbund für Leibesübungen (DRL). An die Spitze des DRL wurde der Reichssportkkommissar, ab 1934 Reichssportführer Hans von Tschammer und Osten gestellt.[32]

Die Boykottbewegung prangerte vor allem die Diskriminierung der Juden in Deutschland, auch im Sport, an. Insbesondere die Nürnberger Gesetze vom 15. September 1935 bedeuteten eine Verstärkung des bereits seit Februar 1933 von deutschen Vereinen praktizierten Ausschlusses von jüdischen Sportlern.[33] Die Gesetze gaben diesem Vorgehen nun eine rechtliche Grundlage. Verbunden mit dem Ausschluss jüdischer Sportler aus Vereinen war auch das Verbot der Benutzung der Sportanlagen. Damit war den jüdischen Sportlern die Vorbereitung und so die Qualifikation zu den Olympischen Spielen deutlich erschwert, wenn nicht sogar unmöglich gemacht.[34] Unter den Dachverbänden des *Makkabi,* bereits 1919 gegründet, und des *Schild* entstanden eigene jüdische Vereine, die untereinander sportliche Wettkämpfe austrugen, da ihnen der Wettkampf mit nichtjüdischen Vereinen verboten war.[35] Dieser Tatbestand stellte einen Bruch mit der olympischen Idee und einen Verstoß gegen IOC-Statute dar, die den ungehinderten Zugang aller Konfessionen und Rassen zu den Spielen forderten.

„Aufgeschreckt durch die Terrormaßnahmen gegen die jüdische Bevölkerung Deutschlands und den Boykott [jüdischer Geschäfte] vom 1.April 1933, versuchte das IOC eine Klärung bezüglich der Teilnahme jüdischer Sportler zu erreichen."[36] Im Vorfeld der IOC-Sitzung vom 7. – 9. Juni 1933 in Wien, auf der eine Verlegung der Spiele aus

---

[32] Jörg Lichter: Die Diskriminierung jüdischer Sportler in der Zeit des Nationalsozialismus, In: Kölner Vorträge und Abhandlungen zur Sozial- und Wirtschaftsgeschichte, Heft 30, Köln 1992, S. 21.
[33] Rürup, S. 35.
[34] Ders., S. 74.
[35] Ders., S. 22.
[36] Lichter, S. 36.

Deutschland noch möglich gewesen wäre, forderte der US-amerikanische Verband das IOC auf, von Deutschland eine offizielle Garantieerklärung zur Einhaltung der olympischen Regeln zu verlangen. Neben der Gewährleistung der olympischen Regeln, dass die Spiele „keinerlei politischen, rassenmäßigen, nationalen oder konfessionellen Charakter haben dürfen“, wurde gefordert, dass der Deutsche Olympische Ausschuss, dem heutigen Nationalen Olympischen Komitee vergleichbar, unter der Leitung von Diem und den 3 deutschen IOC-Mitgliedern die Verantwortung für die Organisation der Spiele innehaben und die Teilnahme von Juden in der deutschen Mannschaft gesichert werden sollte.[37] Um die Olympischen Spiele von Berlin nicht zu gefährden, wurde diese gewünschte Erklärung von den deutschen IOC-Mitgliedern abgegeben: *„[...] Comte de Baillet-Latour demanda aux délégués allemands s'ils pouvaient garantir l'observation des articles de la Charte relatifs aux règles de qualification. La garantie fut donnée, [...], il fut spécifié »qu'en principe les juifs allemands ne seraient pas exclus des Jeux de la XIe Olympiade«.“*[38] Mit dieser Erklärung gab sich das IOC zufrieden und entschied auf seiner Sitzung in Wien (7.-9.Juni 1933), dass keine Notwendigkeit bestünde, die Spiele umzuverlegen oder gar abzusagen.[39]

In Deutschland versuchte man der Erklärung zur Einhaltung der olympischen Regeln weitere Glaubwürdigkeit zu verleihen, indem „Alibijuden“ ins Aufgebot der deutschen Mannschaft berufen wurden.[40] Durch die Nominierung der Fechterin Helene Mayer und dem Eishockeyspieler Rudi Ball wollte man die Nichtnominierung vieler anderer, durchaus qualifizierter Sportler überdecken. Das bekannteste Beispiel für eine Absage aufgrund von fadenscheinigen Gründen ist die Hochspringerin Gretel Bergmann, die in der Vorbereitungsphase mit deutlichem Vorsprung vor ihren nächsten Konkurrentinnen deutschen Rekord sprang, aber nicht nominiert wurde, weil sie zu schlecht und ihre Leistung nicht konstant gewesen wären.[41]

In den USA entschied man sich erst im Dezember 1935 nach einer knappen Abstimmung für eine Teilnahme an den Spielen in Berlin. Zuvor war der Präsident des Amerikanischen Olympischen Komitees Avery Brundage zu einer 10tägigen Untersuchungsreise im August 1934 nach Deutschland aufgebrochen, bei der er die „wahren“ Gegebenheiten im Gespräch mit Vertretern der jüdischen Sportverbände herauszufinden gedachte.

---

[37] Bernett, S. 44.
[38] Otto Mayer: A travers les anneaux olympiques, Genf 1960, S. 139.
[39] Krüger, S. 79f.
[40] Lichter, S. 54.
[41] Ders., S. 52f; Teichler (1984), S. 59.

Diese Reise avancierte allerdings zu einer Farce, da er seine „Ergebnisse" bereits vor seiner Abreise schriftlich festgehalten hatte und die Gespräche stets in Gegenwart von Vertretern der Reichssportführung stattfanden.[42]

Nicht gerade förderlich für die amerikanische Boykottbewegung waren auch die Umstände im eigenen Land; so gab es auch dort Vereine, die keine Juden aufnahmen, und die Gleichberechtigung der farbigen amerikanischen Sportler ließ ebenfalls zu wünschen übrig.[43] Dies nahm den Boykottbestrebungen den „notwendigen moralischen Nachdruck"[44] und führte neben mangelndem Interesse der führenden Vertreter nationaler Verbände und des IOC an der Erkundung der genaueren Verhältnisse in Deutschland zum Scheitern der Boykottbewegung. Der IOC-Präsident de Baillet-Latour reiste Ende Oktober 1935 nach Berlin, um sich selber einen Eindruck von der Situation zu verschaffen, die die Boykottbewegung anprangerte. Nach seinem zweitägigen Aufenthalt und einer Audienz bei Hitler, verkündete Baillet-Latour:

> *„J'ai l'honneur de porter à votre connaissance que l'entretien que j'ai eu avec le Chancelier d'Allemagne ainsi que l'enquête à laquelle je me suis livré m'ont*
>
> *convaincu que rien ne s'oppose au maintien des Jeux de la XIe Olympiade à Berlin et à Garmisch-Partenkirchen. Les conditions requises par la Charte Olympique ont été resptectées par le Comité olympique allemand."*[45]

Zudem sei der Boykott politisch motiviert und würde auf falschen Behauptungen basieren, „dont il m'a été aisé de démasquer la fausseté".[46]

Ein offizieller Boykott der Berliner Spiele war somit ausgeschlossen, da eine Vermischung von Sport und Politik weder bei den Olympischen Spielen noch bei einem Boykott derselben zulässig wäre.[47] Nachdem sich auch das American Olympic Committee im Dezember 1935 zu einer Teilnahme an den Spielen in Berlin entschlossen hatte, waren es nur noch einzelne Sportler, die sich weigerten, teilzunehmen. Ansonsten nahmen bis auf die UdSSR, Palästina, Spanien, Panama, Irland und Malta alle Mitgliedsländer des IOC an den Berliner Spielen teil, wobei Palästina als einziges Land die Spiele aufgrund der Judendiskriminierung boykottierte.[48]

---

[42] Lichter, S. 45; Teichler (1984), S. 58.
[43] Lichter, S. 46; 48f.
[44] Ders., S. 48.
[45] Mayer, S. 148.
[46] Baillet-Latour zitiert nach Mayer, S.148.
[47] Rürup, S. 53.
[48] Lichter, S. 49.

IV. Die Olympischen Sommerspiele als Weltereignis und Höhepunkt der Propaganda

Vom 1. – 16. August 1936 ruhten die Blicke der ganzen Welt auf Berlin; die Olympischen Sommerspiele waren das Weltereignis des Jahres, bei dem eine große Erwartungshaltung nicht nur gegenüber den sportlichen Wettkämpfen, sondern auch gegenüber dem veranstaltungstechnischen Rahmen schon im Vorfeld kräftig geschürt worden war. Nicht nur für die Sportler und die angereisten Zuschauer aus dem In- und Ausland bedeuteten die Spiele einen Höhepunkt, auch die Propaganda erreichte damit ihren Höhepunkt.

Besondere öffentliche Aufmerksamkeit erregte der erstmals stattfindende Fackel-Staffellauf von Olympia bis zum Austragungsort der Spiele. Über 3000 Läufer sorgten dafür, dass das Olympische Feuer pünktlich zur Eröffnungsfeier im Berliner Olympia-Stadion eintraf. Der Staffellauf wurde begleitet von Feiern aus Vorfreude über die Spiele, aber auch von Protestkundgebungen gegen die Ausrichtung der Spiele durch das nationalsozialistische Deutschland.[49] Mit großem öffentlichen Interesse wurde auch die Olympische Glocke nach Berlin begleitet, die zur Eröffnung der Spiele schlagen sollte und die Aufschrift *Ich rufe die Jugend der Welt* trug.[50] Letztgenannte erhielt vor allem in Beziehung zu den parallel zu den Olympischen Spielen stattfindenden Jugendtreffen der *Hitlerjugend*, dem *Bund deutscher Mädel* und *Kraft durch Freude* eine doppelte Bedeutung; sie bezog sich nun nicht mehr nur auf die Olympische Bewegung, sondern auch auf die nationalsozialistische. Im Einleitungskapitel des Olympia-Albums von 1936 wird der Ausruf *Ich rufe die Jugend der Welt* Hitler zugesprochen, „der die Jugend der Welt in die deutsche Heimat rief".[51]

Mit dem Fackel-Staffellauf und der Glocke bediente sich die nationalsozialistische Propaganda bewusst religiöser Symbole und antiker Traditionen. Ersteres wurde bewusst verwendet, weil sie dem Volk den Übergang von der bekannten Religion des Christentums zur Ersatzreligion des Nationalsozialismus erleichtern sollten.[52] Letzteres sollte eine besondere Verbundenheit zur Antike dargestellen, die ihre Wurzeln darin hatte, dass beide sowohl Antike als auch Nationalsozialismus „Hochkulturen" seien.[53] Diese Verbundenheit mit der Antike spiegelte sich auch in der Vielzahl der Kunstausstellungen vor und während

---

[49] Rürup, S. 80.
[50] Richard D. Mandell: The Nazi Olympics, New York 1987, S. 126- 129.
[51] Die Olympischen Spiele 1936 in Berlin. Fotomechanischer Nachdruck des Olympia Albums 1936, Bd.1, Frankfurt/Main 1972, S. 5.
[52] Magnus Brechtken: Die nationalsozialistische Herrschaft 1933- 1939, Darmstadt 2004, S. 70f.
[53] Mandell, S. xxiii.

der Olympischen Spiele und der Aufstellung dem antiken Kunstverständnis folgenden Kunstwerke auf dem Olympiagelände, der Wiederaufnahme der Ausgrabungen in Olympia gesponsort von Deutschland.[54]

Deutschland als blühende Kunst- und Kulturlandschaft sollte unter Beweis gestellt werden. Um diesem Eindruck gerecht zu werden, gab es neben beeindruckenden Shows mit Flakscheinwerfern zur Eröffnung und zum Schluss der Spiele (Lichtdom) und Eröffnungsgottesdiensten ein umfangreiches Rahmenprogramm mit Theater- und Opernaufführungen und den oben schon erwähnten Kunst- und Deutschlandausstellungen.[55] Carl Diem hatte eigens für die Eröffnungsfeier das Festspiel *Olympische Jugend* geschrieben, das unter Mitwirkung von vielen Jugendlichen zur Uraufführung kam.[56]

Vor allem die ausländischen Gäste und Journalisten wurden mit Einladungen zu Partys, Empfängen und Theateraufführungen überhäuft, die ihnen keine freie Minute ließen, um eigenständige Erkundungstouren in und um Berlin zu unternehmen.[57] Das Gartenfest Görings am 13. August 1936 war einer der gesellschaftlichen Höhepunkte der Olympischen Spiele, das nur von Goebbels Fest zwei Tage später auf der Pfaueninsel, mit geschätzten Kosten von knapp 400.000 RM, übertroffen wurde.[58]

Des Weiteren versuchte man die ausländischen Gäste mit Preisermäßigung bei der Anreise mit der Bahn,[59] mit Flaggen dekorierten Straßen und Bereitstellung von Fremdenführern bzw. Übersetzern von der Gastfreundlichkeit des Deutschen Reiches zu überzeugen.[60] Um Irritationen bei den Gästen zu vermeiden, verschwanden antisemitische Beschilderungen für den Zeitraum der Olympischen Spiele aus dem Stadtbild Berlins und der *Stürmer* wurde aus den Schaukästen, in denen seine Ausgaben sonst auslagen, entfernt.[61] Die Bevölkerung Berlins war dazu aufgefordert worden, ihre Hausfassaden neu zu streichen und Balkonkästen frisch zu bepflanzen.[62] Ebenso waren die Berliner angehalten worden, sich den Gästen gegenüber besonders freundlich zu zeigen; dies bedeutete unter anderem auch jüdisch aussehenden Frauen im Bus einen Platz anzubieten.[63]

---

[54] Krüger, S. 205.
[55] Minutenprogramm des Eröffnungstages in: Amtlicher Bericht, Bd. 1, S. 566ff; Rürup, S. 113; 121; Krüger, S. 205.
[56] Nähere Ausführungen zum Festspiel *Olympische* Jugend bei Thomas Alkemeyer, S. 402-439; Krüger, S.196.
[57] Krüger, S. 199.
[58] Rürup, S. 118.
[59] Amtlicher Bericht, Bd. 1, S. 61.
[60] Hart-Davis, S.140; Krüger, S. 231.
[61] Hart-Davis, S. 126; 139.
[62] Ders., S. 125; Krüger, S. 198.
[63] Hart-Davis, S.126.

Die sportliche Wettkämpfe an sich waren ein Erlebnis, das die Einstellung der Bevölkerung und der Besucher gegenüber dem NS-Regime positiv beeinflusste. Die Organisation der Spiele wurde bewundert und die politischen Verhältnisse verblassten in deren Licht. Mit 49 teilnehmenden Nationen, d.h. knapp 4000 Athleten, Besuchermassen von 3,77 Millionen und 49 Olympia- und 15 Weltrekorden gingen die Olympischen Sommerspiele von Berlin als „Spiele der Rekorde“ in die Geschichte ein.[64]

[64] Zahlen nach Rürup, S. 15; 151 und Krüger, S. 196.

V. Der Mythos der Berliner Spiele

Die Titulatur „Spiele der Rekorde“ deutet es schon an, die Olympischen Spiele wurden vor allem im Nachhinein zum Mythos. Dazu trugen allerdings nicht allein die sportlichen Leistungen, sondern das Propagandaministerium mit seiner Auswertung und Mythorisierung der Spiele bei. Besonders das gute Abschneiden der deutschen Athleten, sie entschieden die Nationenwertung mit 33 Gold-, 26 Silber- und 30 Bronzemedaillen[65] für sich, blieb in Erinnerung und wurde von den Nationalsozialisten als Bestätigung ihrer Ideologie der überlegenen Rasse gewertet.

Damit die nationalsozialistische Propaganda nicht unterlaufen wurde, zensierte das Reichsministerium für Volksaufklärung und Propaganda Post und Presse. Diese Maßnahmen sollten möglichst unauffällig, aber auch wirksam sein:

> *„Da die in Deutschland stattfindende Olympiade dazu dienen soll und kann, Deutschlands Ansehen in der Welt zu heben, und das bestehende Mißtrauen in die Staatsführung zu beseitigen, darf der Erfolg, den die Olympiade für Deutschland damit verspricht, nicht durch irgendwelche Maßnahmen aufs Spiel gesetzt werden, die nicht zur Abwehr gleichzeitig auftretender Gefahren unbedingt erforderlich sind.“*[66]

Durch ein Gestapo-Sonderkommando wurde daher eine geheime Postzensur für das Olympische Dorf durchgeführt, bei der Flugblätter und regimekritische Schriften abgefangen wurden.[67] Um die angemessene Berichterstattung über Atmosphäre und organisatorische Leistungen im Umfeld der Spiele auch in der ausländischen Presse sicherzustellen, nahm das Propaganaministerium eine Pressezensur vor. Im Inland war dies bereits durch die gleichgeschaltete Presse gewährleistet. Journalisten, die für ihre kritische Berichterstattung bekannt waren, wurden entweder die Einreise verweigert oder beim Stadioneintritt gezielt von SS-Angehörigen abgedrängt, eine Maßnahme, die „von seiten der betroffenen Journalisten nicht absolut nachweisbar“ war.[68] Außerdem lag das alleinige Urheberrecht für alle Film- und Fotoaufnahmen von den sportlichen Wettkämpfen und Veranstaltungen beim Propagandaministerium, d.h. dass ausländische Fotografen nicht zugelassen waren, aber das Bildmaterial nach interner Zensur zur Verfügung gestellt wurde.[69]

---

[65] Rürup, S. 152.
[66] Eine Stellungnahme des Reichsführers-SS zu den Vorschlägen des Reichssicherheitshauptamtes betreffend polizeilicher und propagandistischer Maßnahmen während der Spiele, zitiert nach Krüger, S. 20.
[67] Bohlen, S. 106.
[68] Ders., S. 107.
[69] Ibidem.

Mit diesen Maßnahmen sollte ein einheitliches Bild von Deutschland und den Olympischen Spielen im Sinne der nationalsozialistischen Propaganda auch in der ausländischen Presse geschaffen werden.[70]

Auch die Live-Übertragung der Olympischen Spiele im Radio und im Fernsehen, das zu dieser Zeit eine technische Innovation bedeutete, trugen dazu bei, dass die Atmosphäre der Spiele nicht nur in Berlin, sondern überall in Deutschland und über die Weltrundfunksendungen sogar weltweit zu spüren war und Menschen mit dem Olympischen Virus infiziert wurden.[71] Dem Einsatz moderner Technik wurde sogar ein Kapitel im Olympia Album 1936 gewidmet, in dem besonders die Fortschrittlichkeit der deutschen Technik, die keine Mühen gescheut hatte die Übertragung der Spiele sicher zu stellen, hervorgehoben wurde.[72]

Hauptverantwortlich für den Mythos der Berliner Olympischen Spiele war der international anerkannte und ausgezeichnete Olympia-Film Leni Riefenstahls. Die während der Olympischen Spiele durchgeführten aufwendigen Dreharbeiten für den 1938 veröffentlichten Film verfolgten das Ziel *Schönheit im olympischen Kampf* - übrigens auch der Titel des 1937 erschienenen Begleitbandes - darzustellen. Riefenstahl drehte *Fest der Völker* (Teil I) und *Fest der Schönheit* (Teil II) als „Vertragspartnerin des Reichsministeriums für Volksaufklärung und Propaganda"; d.h. der Olympia-Film wurde von der Regierung bestellt und finanziert.[73] Der Film fokusiert besonders auf „Situationen außergewöhnlicher Anstrengungen, des unbedingten Einsatzes, des Ertragens von Schmerzen und der Selbstüberwindung"[74]. Auch die Darstellung Hitlers als „Staatsoberhaupt, das nicht majestätisch über seinen Untertanen thront, sondern [als] ein ‚Führer', der mit ‚seinem' Volk lebt und fühlt"[75] vermittelt eine politische Botschaft. Einerseits als filmtechnisches Meisterwerk gepriesen, andererseits mit dem Vorwurf der Propagandaarbeit behaftet, hat der Olympia-Film auch nach 1945 die Gemüter bewegt. Zwar ist eine offene Propagierung der nationalsozialistischen Ideologie in dem Werk Leni Riefenstahls nicht zu finden, aber unterschwellig wird diese als Bezugsrahmen gesetzt.[76]

---

[70] Zur tatsächlichen Berichterstattung der ausländischen Presse siehe Teichler (1991), S. 171-184.
[71] Krüger, S. 200.
[72] Olympia Album 1936, S. 162f.
[73] Alkemeyer, S. 474; Rürup, S. 192.
[74] Alkemeyer, S. 488.
[75] Ibidem.
[76] Alkemeyer, S. 484f.

Nichtsdestotrotz ist dieser Olympia-Film ein wichtiger Bestandteil und Grundlage für den Mythos der „größten aller Olympischen Spiele“[77], der sich in Olympiaalben und Sammelbildern, den so genannten Ciagrettenbildern, äußerte:

> *„Die Olympischen Spiele in Berlin gehören der Geschichte an. Die herrlichen Kämpfe der Jugend der Welt um den Eichenkranz, die Steigerung der Leistungen auf allen Gebieten, die wunderbaren Siege unserer deutschen Mannschaften leben in uns fort. Diese Chronik der glanzvollen Veranstaltungen, der Spiele und der Kämpfe der XI. Olympiade, Berlin 1936, soll die Erinnerung wachhalten.“*[78]

---

[77] Amtlicher Bericht. Bd. 2, S. 1172.
[78] Olympia-Album, S. 3.

VI. Folgen der Olympischen Spiele von 1936

Die Olympischen Spiele in Berlin waren in vielfacher Hinsicht erfolgreich für Deutschland. Man hatte nicht nur die meisten Medaillen gewonnen, sondern auch das Ausland relativ erfolgreich über die wahre Natur des NS-Diktatur getäuscht. Die Ziele der Propaganda in In- und Ausland waren damit weitgehend erreicht worden.

Das gute Abschneiden der deutschen Athleten sorgte einerseits für ein gesteigertes Selbstbewusstsein der Deutschen, ein verstärktes Interesse der Bevölkerung an körperlicher Ertüchtigung und andererseits bestätigte es die NS-Ideologie der überlegenen Rasse. Die Spiele weckten Begeisterung für das nationalsozialistische Regime und seine Veranstaltungen; es entstand ein Gefühl der Euphorie, der Zusammengehörigkeit, das mit den von den Nationalsozialisten organisierten Olympischen Spielen in Verbindung gebracht wurde und so für die Entstehung von Loyalität gegenüber dem Regime sorgte.

Durch die Anregung zu sportlicher Betätigung, die durch die olympischen Wettkämpfe gegeben war, war ein wichtiger Schritt in Richtung Wehrhaftmachung der Nation und damit der Kriegsvorbereitung gemacht worden.

Allein die Ausrichtung der Olympischen Spiele 1936 in Berlin bedeutete für das NS-Regime einen außenpolitischen Erfolg, denn es war geschafft worden, die Bedenken gegen die politischen Gegebenheiten in Deutschland zu zerstreuen und die Boykottbewegung durch die Versicherung der Einhaltung der olympischen Regeln zu stoppen. Dass das Ausland die Situation in Deutschland falsch einschätzte oder bewusst darüber hinwegsah, stellte schon einen Erfolg für die nationalsozialistische Propaganda dar. Der positive Eindruck, den die Ausrichtung und Organisation der Spiele von Berlin hinterließ, war sogar so stark, dass das IOC noch 1939 beschloss, die Olympischen Winterspiele 1940 wieder in Deutschland stattfinden zu lassen.[79]

Aber die vordergründige Versicherung zur Einhaltung der olympischen Regeln und das Verschwindenlassen von antisemitischen Schildern in Berlin und Ausgaben des *Stürmers* täuschte über die Tatsache hinweg, dass es keine „olympische Pause" in den Verfolgungsmaßnahmen und der Rassendiskriminierung gab.[80] Aus Anlass der Spiele wurden am 16. Juli 1936, also nur 2 Wochen vor Beginn der Spiele, 600 Sinti und Roma aus dem Raum Berlin in ein Lager nach Marzahn gebracht, wo sie bis zu ihrem Abtransport nach Auschwitz gefangengehalten wurden.[81]

---

[79] Rürup, S. 199; Teichler (1984), S. 71.
[80] Rürup, S. 131.
[81] Ders., S. 132; 140.

In zeitlicher Nähe zu den Olympischen Spielen begannen auch die Bauarbeiten am KZ Sachsenhausen vor den Toren Berlins; schon im September waren dort die ersten 1000 Gefangene inhaftiert.[82] Ebenfalls in den Zeitraum der Olympischen Spiele fielen die Vorbereitungen für den Eingriff in den Spanischen Bürgerkrieg durch die *Legion Condor.*[83]

Der Eindruck einer „olympischen Pause“ entstand fälschlicherweise dadurch, dass es in der Presse keinerlei Berichte über Verhaftungen, so genannte „Zwischenfälle“ oder Judenhetze gab. Der Grund dafür liegt aber in dem durch das Reichsministerium für Volksaufklärung und Propaganda scharf überwachten Verbot der Berichterstattung darüber. Die Zeitungen waren angehalten, sich den Wettkämpfen und sonstigen Veranstaltungen im Rahmen der Olympischen Spiele verstärkt zuzuwenden.[84] Auch waren die Schilder mit antisemitischen Parolen nur in Berlin demontiert worden, außerhalb des olympischen Gebiets waren sie weiterhin präsent.[85]

---

[82] Rürup, S. 131f.
[83] Ders., S. 132;136f.
[84] NS-Presseanweisungen der Vorkriegszeit, Bd.4 /II: 1936, hrsg. von Hans Bohrmann,bearbeitet von Gabriele Toepser-Ziegert, München u.a. 1993, siehe z.B. die Anweisungen vom 3. August 1936, S. 831f und vom 13. August 1936, S. 887.
[85] Rürup, S. 138.

Schluss

Die Nationalsozialisten nutzten das Weltereignis der XI. Olympischen Spiele als Propagandaveranstaltung für ihr Regime. Die Spiele waren eine einmalige Gelegenheit der Weltöffentlichkeit zu zeigen, wie friedliebend das neue Deutschland sei und dass kein Anlass zur außenpolitischen Isolation aufgrund der politischen Verhältnisse im Land bestünde. Allein die organisatorischen Leistungen, die Wettkämpfe an sich und die Rahmenveranstaltungen verfehlten nicht ihre beeindruckende Wirkung sowohl auf das Ausland, als auch im Inland. Dieser Eindruck war so gewaltig, dass das IOC noch 1939 die Olympischen Winterspiele für 1940 wieder an Garmisch-Partenkirchen vergab, allerdings verhinderte der 2. Weltkrieg die Austragung. Der Nationalsozialismus erlebte mit den Olympischen Spielen einen Höhepunkt der Loyalität der deutschen Bevölkerung. Außerdem schafften es die Spiele und die dazugehörige Propaganda, die wahren Umstände, die brutale Realität des NS-Regimes, zeitweise in den Hintergrund treten zu lassen. Das Ausland war bereit der Olympischen Spiele wegen über die politischen Verhältnisse der Rassendiskriminierung hinwegzusehen. Auch das IOC gab sich mit vordergründigen Versicherungen über die Einhaltung der olympischen Regeln zufrieden. Die umfangreiche nationalsozialistische Propaganda schaffte es die Boykottbewegung scheitern zu lassen, allerdings nicht ohne das bereitwillige Entgegenkommen des IOC und des Auslands.

Die Nationalsozialisten, oder besser das Propagandaminsterium, verstanden es, mit den Olympischen Spielen, die mit ihrer Idee der Völkerverständigung und des Friedens mit der nationalsozialistischen Ideologie eigentlich unvereinbar waren, ein Weltereignis in eine Werbeveranstaltung für das Regime umzuwandeln. Es wurden keine Kosten und Mühen gescheut, um auf In- und Ausland gerichtete Propaganda einzusetzen. Die Olympischen Spiele 1936 in Berlin waren vom NS-Regime bewusst als Weltereignis propagandistisch genutzt worden.

Quellenverzeichnis

Diem, Carl: Der Olympische Gedanke. Reden und Aufsätze, hrsg. vom Carl-Diem-Institut an der Deutschen Sporthochschule Köln, Schorndorf 1967.

Mayer, Otto: A travers les anneaux olympiques. Histoire du Comité International Olympique et de ses Sessions de 1894 à 1960. Une série de documents authentiques, dont quelques-uns inédits, Genf 1960.

NS-Presseanweisungen der Vorkriegszeit, Bd. 4/II: 1936, hrsg. von Hans Bohrmann, bearbeitet von Gabriele Toepser-Ziegert, München u.a. 1993.

XI. Olympiade Berlin 1936. Amtlicher Bericht. Bd. 1+ 2, hrsg. vom Organisationskomitee für die XI. Olympiade Berlin 1936 e.V., unter Leitung von Carl Diem, Berlin 1937.

O.A.: Die Olympischen Spiele 1936 in Berlin. Olympia Album 1936. Bd. 1, Fotomechanischer Nachdruck Frankfurt/ Main 1972.

Literaturverzeichnis

Bernett, Hajo: Sportpolitik im Dritten Reich. Aus den Akten der Reichskanzlei, In: Ausschuss Deutscher Leibeserzieher (Hrsg.): Beiträge zur Lehre und Forschung der Leibeserziehung, Nr. 39, Schorndorf 1971.

Bohlen, Friedrich: Die XI. Olympischen Spiele Berlin 1936. Instrument der innen- und außenpolitischen Propaganda und Systemsicherung des faschistischen Regimes, Köln 1979.

Brechtken, Magnus: Die nationalsozialistische Herrschaft 1933 – 1939, Darmstadt 2004.

Brohm, Jean-Marie: Zum Verhältnis von Olympismus und Nationalsozialismus, In: Alkemeyer/ Gebauer u.a. (Hrsg.): Olympia – Berlin. Gewalt und Mythos in den Olympischen Spielen von Berlin 1936, Berlin 1986, S. 190 – 198.

Hart-Davies, Duff: Hitler's Games. The 1936 Olympics, New York 1986.

Hegel, Andrea von: Die Stunde der Propagandisten. Propaganda zu den Olympischen Spielen 1936, In: http://www.dhm.de/~jarmer/olympiaheft/olympia4.htm »01/11/2004«.

Hoffmann, Hilmar: Mythos Olympia. Autonomie und Unterwerfung von Sport und Kultur, Berlin, Weimar 1993.

Krüger, Arnd: Die Olympischen Spiele 1936 und die Weltmeinung. Ihre außenpolitische Bedeutung unter besonderer Berücksichtigung der USA, Berlin u.a. 1972.

Lichter, Jörg: Die Diskriminierung jüdischer Sportler in der Zeit des Nationalsozialismus, In: Kölner Vorträge und Abhandlungen zur Sozial- und Wirtschaftsgeschichte, Heft 39, Köln 1992.

Mandell, Richard D.: The Nazi Olympics, New York 1987.

Rürup, Reinhard (Hrsg.): 1936. Die Olympischen Spiele und der Nationalsozialismus. Eine Dokumentation, Berlin 1996.

Teichler, Hans Joachim: Internationale Sportpolitik im Dritten Reich, Schorndorf 1991.

Teichler, Hans Joachim: 1936 – ein olympisches Trauma. Als die Spiele ihre Unschuld verloren, In: Manfred Blödorn (Hrsg.): Sport und Olympische Spiele, Reinbek bei Hamburg 1984, S. 47 – 76.